ANIMALES AMISTOSOS DEL ZOOLÓGICO

JIRAFAS

Un libro de Las Raíces de Crabtree

AMY CULLIFORD
Traducción de Pablo de la Vega

CRABTREE
Publishing Company
www.crabtreebooks.com

Apoyos de la escuela a los hogares para cuidadores y maestros

Este libro ayuda a los niños en su desarrollo al permitirles practicar la lectura. Abajo están algunas preguntas guía para ayudar al lector a fortalecer sus habilidades de comprensión. En rojo hay algunas opciones de respuesta.

Antes de leer:

- ¿De qué pienso que trata este libro?
    - *Pienso que este libro es sobre las jirafas.*
    - *Pienso que este libro es sobre lo que les gusta hacer a las jirafas.*
- ¿Qué quiero aprender sobre este tema?
    - *Quiero aprender qué beben las jirafas.*
    - *Quiero aprender de qué colores puede ser una jirafa.*

Durante la lectura:

- Me pregunto por qué...
    - *Me pregunto por qué las jirafas son altas.*
    - *Me pregunto por qué las jirafas comen tanto.*
- ¿Qué he aprendido hasta ahora?
    - *Aprendí que las jirafas pueden correr.*
    - *Aprendí que las jirafas beben agua.*

Después de leer:

- ¿Qué detalles aprendí de este tema?
    - *Aprendí que las jirafas tienen cuellos largos.*
    - *Aprendí que las jirafas pueden ser blancas, amarillas y cafés.*
- Lee el libro una vez más y busca las palabras del vocabulario.
    - *Veo la palabra **altas** en la página 6 y la palabra **beben** en la página 12. Las demás palabras del vocabulario están en la página 14.*

Esta es una **jirafa**.

La mayoría de las jirafas son blancas, amarillas y cafés.

La mayoría de las jirafas son **altas**.

Las jirafas
pueden correr.

La mayoría de las jirafas comen todo el día.

Todas las jirafas **beben** agua.

Lista de palabras

Palabras de uso común

de	las	todo
el	mayoría	una
es	pueden	y
esta	son	
la	todas	

Palabras para conocer

altas

beben

jirafa

39 palabras

Esta es una **jirafa**.

La mayoría de las jirafas son blancas, amarillas y cafés.

La mayoría de las jirafas son **altas**.

Las jirafas pueden correr.

La mayoría de las jirafas comen todo el día.

Todas las jirafas **beben** agua.

CRABTREE
Publishing Company
www.crabtreebooks.com

ANIMALES AMISTOSOS DEL ZOOLÓGICO

JIRAFAS

Written by: Amy Culliford
Designed by: Rhea Wallace
Series Development : James Earley
Proofreader: Janine Deschenes
Educational Consultant:
Marie Lemke M.Ed.
Translation to Spanish:
Pablo de la Vega
Spanish-language layout and
proofread: Base Tres
Print and production coordinator:
Katherine Berti

Photographs:
Shutterstock: Gastan Piccinetti: cover; Chaithanya Krishan: p. 1; Bambi2020: p. 3, 14; RMFerreira: p. 5; Smithy55: p. 7, 14; Jeannette Katzier: p. 8; JOel Shawn: p. 11; Stacey Ann Alberts: p. 12-13, 14

Library and Archives Canada Cataloguing in Publication
Title: Jirafas / Amy Culliford ; traducción de Pablo de la Vega.
Other titles: Giraffes. Spanish
Names: Culliford, Amy, 1992- author. | Vega, Pablo de la, translator.
Description: Series statement: Animales amistosos del zoológico | Translation of: Giraffes. | "Un libro de las raíces de Crabtree". | Text in Spanish.
Identifiers: Canadiana (print) 2021023122X | Canadiana (ebook) 20210231238 | ISBN 9781039617292 (hardcover) | ISBN 9781039617353 (softcover) | ISBN 9781039617414 (HTML) | ISBN 9781039617476 (EPUB) | ISBN 9781039617537 (read-along ebook)
Subjects: LCSH: Giraffe—Juvenile literature.
Classification: LCC QL795.G55 C8518 2022 | DDC j599.638—dc23

Library of Congress Cataloging-in-Publication Data
Names: Culliford, Amy, 1992- author.
Title: Jirafas / Amy Culliford ; traducción de Pablo de la Vega.
Other titles: Giraffes. Spanish
Description: New York : Crabtree Publishing, [2022] | Series: Animales amistosos del zooló gico - un libro de las raíces de Crabtree | Includes index.
Identifiers: LCCN 2021023770 (print) | LCCN 2021023771 (ebook) | ISBN 9781039617292 (hardcover) | ISBN 9781039617353 (paperback) | ISBN 9781039617414 (ebook) | ISBN 9781039617476 (epub) | ISBN 9781039617537
Subjects: LCSH: Giraffe--Juvenile literature. | Zoo animals--Juvenile literature.
Classification: LCC SF408.6.G57 C8518 2022 (print) | LCC SF408.6.G57 (ebook) | DDC 599.638--dc23
LC record available at https://lccn.loc.gov/2021023770
LC ebook record available at https://lccn.loc.gov/2021023771

Crabtree Publishing Company
www.crabtreebooks.com 1-800-387-7650

Printed in the U.S.A./072021/CG20210514

Published in the United States
Crabtree Publishing
347 Fifth Avenue, Suite 1402-145
New York, NY, 10016

Published in Canada
Crabtree Publishing
616 Welland Ave.
St. Catharines, ON, L2M 5V6